优秀技术工人
百工百法丛书

勾常春工作法

盾构注浆“制—运—注”一体化集成系统

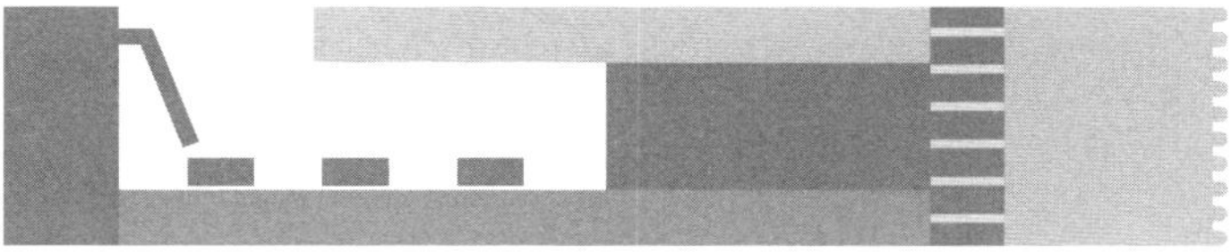

中华全国总工会 组织编写

勾常春 著

中国工人出版社

技术工人队伍是支撑中国制造、中国创造的重要力量。我国工人阶级和广大劳动群众要大力弘扬劳模精神、劳动精神、工匠精神，适应当今世界科技革命和产业变革的需要，勤学苦练、深入钻研，勇于创新、敢为人先，不断提高技术技能水平，为推动高质量发展、实施制造强国战略、全面建设社会主义现代化国家贡献智慧和力量。

——习近平致首届大国工匠创新交流大会的贺信

优秀技术工人百工百法丛书

编委会

优秀技术工人百工百法丛书

海员建设卷

编委会

序

党的二十大擘画了全面建设社会主义现代化国家、全面推进中华民族伟大复兴的宏伟蓝图。要把宏伟蓝图变成美好现实，根本上要靠包括工人阶级在内的全体人民的劳动、创造、奉献，高质量发展更离不开一支高素质的技术工人队伍。

党中央高度重视弘扬工匠精神和培养大国工匠。习近平总书记专门致信祝贺首届大国工匠创新交流大会，特别强调“技术工人队伍是支撑中国制造、中国创造的重要力量”，要求工人阶级和广大劳动群众要“适应当今世界科技革命和产业变革的需要，勤学苦练、深入钻研，勇于创新、敢为人先，不断提高技术技能水平”。这些亲切关怀和殷殷厚望，激励鼓舞着亿万职工群众弘扬劳模精神、劳动精神、工匠精神，奋进新征程、建功新时代。

近年来，全国各级工会认真学习贯彻习近平总书记关于工人阶级和工会工作的重要论述，特别是关于产业工人队伍建设改革的重要指示和致首届大国工匠创新交流大会贺信的精神，进一步加大工匠技能人才的培养选树力度，叫响做实大国工匠品牌，不断提高广大职工的技术技能水平。以大国工匠为代表的一大批杰出技术工人，聚焦重大战略、重大工程、重大项目、重点产业，通过生产实践和技术创新活动，总结出先进的技能技法，产生了巨大的经济效益和社会效益。

深化群众性技术创新活动，开展先进操作法总结、命名和推广，是《新时期产业工人队伍建设改革方案》的主要举措。为落实全国总工会党组书记处的指示和要求，中国工人出版社和各全国产业工会、地方工会合作，精心推出“优秀技术工人百工百法丛书”，在全国范围内总结 100 种以工匠命名的解决生产一线现场问题的先进工作法，同时运用现代信息技术手段，同步生产视频课程、线上题库、工匠专区、元宇宙工匠创新工作室等数字知识产品。这是尊重技术工人首创精神的重要体现，是工会提高职工技能素质和创新能力的有力做法，必将带动各级工会先进操作法总结、命名和推广工作形成热潮。

此次入选“优秀技术工人百工百法丛书”作者群体的工匠人才，都是全国各行各业的杰出技术工人代表。他们总结自己的技能、技法和创新方法，著书立说、宣传推广，能让更多人看到技术工人创造的经济社会价值，带动更多产业工人积极提高自身技术技能水平，更好地助力高质量发展。中小微企业对工匠人才的孵化培育能力要弱于大型企业，对技术技能的渴求更为迫切。优秀技术工人工作法的出版，以及相关数字衍生知识服务产品的推广，将对中小微企业的技术进步与快速发展起到推动作用。

当前，产业转型正日趋加快，广大职工对于技术技能水平提升的需求日益迫切。为职工群众创造更多学习最新技术技能的机会和条件，传播普及高效解决生产一线现场问题的工法、技法和创新方法，充分发挥工匠人才的“传帮带”作用，工会组织责无旁贷。希望各地工会能够总结命名推广更多大国工匠和优秀技术工人的先进工作法，培养更多适应经济结构优化和产业转型升级需求的高技能人才，为加快建设一支知识型、技术型、创新型劳动者大军发挥重要作用。

中华全国总工会兼职副主席、大国工匠

高凤林

作者简介
About The Author

勾常春

1986 年出生，中交一公局集团隧道局盾构机操作工，高级工程师。

曾获“全国交通技术能手”“中交集团劳动模范”“中国交建技术能手”“第八届中国交建十大杰出青年（技术类）”“中交隧道局特级技术专家”“中交一公局高级专家”“北京盾构工程协会专家”等荣誉和称号。

勾常春主持完成盾构机维保与大修 30 余台次，配套设备维修 100 余台次，盾构拆装 20 余台次。2018 年主持完成北京首例盾构机全套筒密闭始发、洞内解体二次平移接收项目，相关技术被中国公路学会鉴定为“国内领先”技术。2020 年主持完成全国最大 ϕ16.07m 泥水平衡盾构机设计选型工作，自主研发盾构同步双液注浆“制—运—注”一体化集成系统，填补了超大直径盾构行业内双液浆技术空白；攻克了北京地区富水砂层超大直径盾构机设计选型多项技术难题。获得 5 项国家授权专利，参编中国交建企业标准 8 项、中国公路学会标准 5 项等。获得 2018 年中国技能大赛——中交集团第四届职业技能竞赛盾构机操作工决赛团体第一名、个人第四名，中国交建 2018 年度科学技术进步一等奖，第十二届“创新杯”建筑信息模型（BIM）应用大赛——工程全生命周期 BIM 应用一等成果等荣誉。

道阻且长，行则将至

行而不辍，未来可期

向帝春

目　　录
Contents

引　言
Introduction

盾构同步注浆是盾构法施工的重要环节，对控制地层沉降、成形隧道位移和渗水起着关键作用。盾构同步注浆多采用单液浆，包括惰性浆液和活性浆液，普遍存在浆液凝结时间长、强度低、填充效果差等缺点，容易引发地层沉降、隧道上浮、管片渗水等安全质量问题。国内外在探索盾构同步注浆质量提升过程中，发现双液浆具有显著优势，利用双液浆快凝、早强、抗渗的特点，可以有效克服传统单液浆工艺问题。但是同步双液注浆工艺较为复杂，设计及施工组织难度较大，尤其在大直径盾构领域，国内外在此之前均无应用经验，亟待探索。传统的浆液拌合站都需要占用地面空间，通过运输车或者管道长距离运输到盾构机台车上，这也造成大面积占地、拌合站粉尘污染、浆液长距离运输“质损、低效、高耗”等难题。

本书主要阐述的是利用超大直径盾构内部空间优势，国内首次在超大直径盾构机上应用同步双液注浆，同时开创性地将传统的地面拌合站改移至盾构机台车上，该设计形成了同步双液注浆“制—运—注”一体化集成系统，在国际范围内尚属首次。该系统实现了全过程自动化控制、零粉尘绿色文明施工，可以满足盾构隧道内同步注浆、二次补浆、风险源深孔注浆等所有隧道内双液浆的需求，既解决了双液浆长距离运输“质损、低效、高耗”的难题，又满足了核心城区高标准的环保要求。

第一讲

“制—运—注”一体化集成系统概述

一、盾构同步注浆的原理及作用

当盾构机掘进时，在管片与地层及盾尾壳体之间会存在一定的间隙，为防止地层变形与地面沉降，并有利于提高衬砌管片的抗渗性、整体稳定性，需要在管片壁后环向间隙采用同步注浆方式填充浆液。同步注浆原理如图 1 所示。

注浆过程是通过地面上的拌合站，按照设计的配合比制备浆液，经过管道输送至隧道口浆液运输车，经浆液运输车运输至盾构机台车部位，再泵送至储浆罐。浆液运输车与储浆罐内均安装有搅拌系统，可对浆液持续搅拌，防止浆液离析、凝结等质量失效问题。

在盾构机掘进过程中，通过储浆罐下部的注浆泵，经盾尾注浆管路同步注入衬砌管片壁后，填充管片壁后间隙。整个注浆过程与盾构机掘进过程保持同步，即为同步注浆。同步注浆材料从制备、运输到注入过程如图 2 所示。

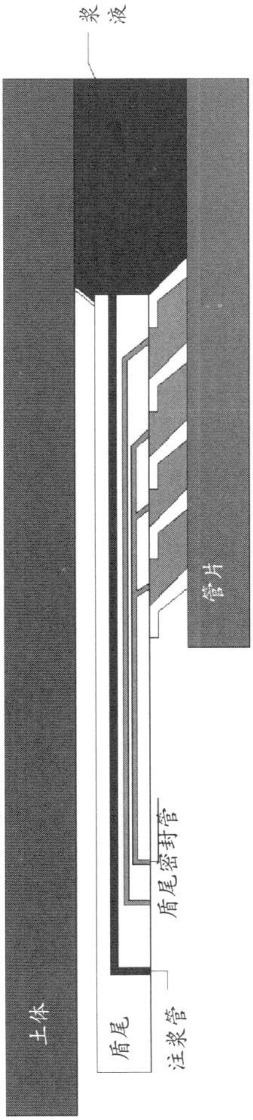

图 1 盾构同步注浆原理

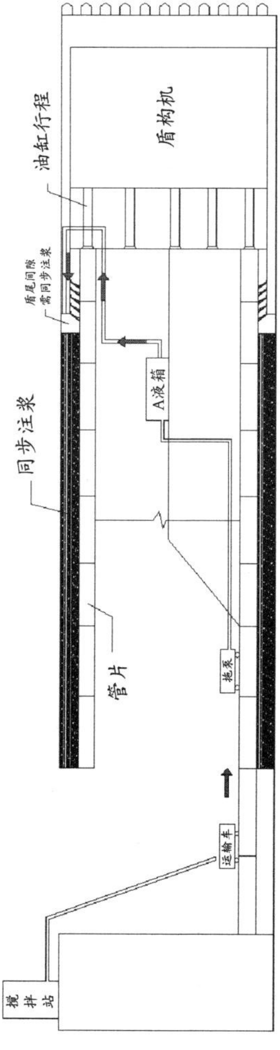

图2　盾构同步注浆的制浆、运输、注入过程

二、盾构同步注浆拌合站现状

目前盾构施工所使用的同步注浆拌合站均为地面拌合站，浆液制备完成后，通过浆液运输车或者输送管道输送至盾构机台车储浆罐。目前大直径盾构施工项目多为长大隧道，运输距离较长，因此经常采用车辆运输。每环所需注浆材料用量为小盾构用量数倍，地面拌合站占地面积较大，又面临地面绿色文明施工压力大，浆液长距离运输时间长、成本高、质效降低等多种问题。地面拌合站如图 3 所示。

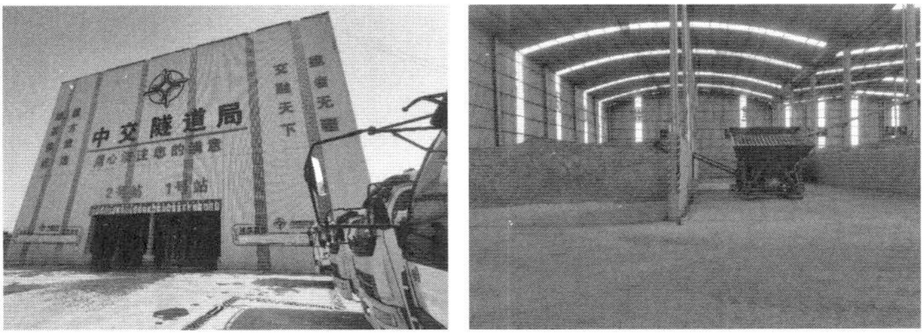

（a）　　　　（b）

图 3　盾构同步注浆地面拌合站

三、“制—运—注”一体化集成系统组成

基于盾构同步注浆工作原理，对传统单液注浆系统进行全面改进创新设计。第一，利用超大直径盾构内部空间优势，将传统的地面浆液拌合站集成到盾构机上，浆液制备、储存、使用实现高效自动化，保证双液浆A液稳定性和供应连续性；第二，对注浆系统进行适应性选型设计，新增一套B液注浆系统，注浆管路改为双液注浆管，具备浆液混合、注入、清洗等功能，确保双液浆混合均匀，同时避免发生堵管；第三，对注浆PLC操作控制系统进行适应性设计，具备注浆全过程控制功能，重点确保精准控制双液配合比。A液拌合站如图4所示。

图4　A液拌合站

四、“制—运—注”一体化集成系统特点

“制—运—注”一体化集成系统重点针对浆液的配合比、浆液的制备、缩短浆液运距、双液浆注入装置、注浆 PLC 操作系统等盾构同步注浆的制备、运输、注入全过程进行了全面的创新升级。主要特点如下。

1. 适用性

该系统满足隧道内盾构掘进同步双液注浆、盾构掘进完成后的二次注浆、风险源穿越所需的深孔双液注浆等所有的隧道内双液浆使用需求，同时该系统可以运用于绝大部分地层超大直径盾构施工注浆需求，具有良好的适用性及推广应用价值。

2. 创新性

盾构同步双液注浆“制—运—注”一体化集成系统充分利用大直径盾构隧道内空间大的优势，创新性地将地面拌合站升级为盾构机跟随台车式拌合站，自动跟随盾构机掘进行走。同时将双液同步注浆，首次应用于大直径盾构，使该系统从同步双液

注浆的制浆、浆液运输、浆液的 PLC 控制注入的全过程进行全面创新设计，整个制浆过程实现全部自动化控制，做到安全、绿色、无污染，大大缩短了浆液运输距离。盾构机操作手可根据掘进施工需求随用随拌，不需要提前储存浆液，避免了地面拌合站大面积占地，解决了浆液质量长距离运输与长时间存储质量降低甚至失效的难题。该系统的创新应用属国际首创，填补了国内超大直径盾构施工技术领域的一项空白，为同类问题提供了良好的解决办法，有着重要的指导及借鉴意义。

3. 高效性

该系统浆液制备过程实现全部自动化，无须额外配置人工操作。该系统采用干粉原料存储，大大降低了隧道内运输车辆数量，减少了对后续同步施工的干扰，也大大提高了盾构施工整体做工效率，节约大量工期。

4. 经济性

该系统可规避在城市复杂环境下建立地面拌合

站的问题，减少了地面占地费用。台车式制浆系统全部为钢结构，可多次周转使用，降低使用成本。同时该系统只需配备两台小型干粉运输车，替代原有的10余辆罐车运输，同时大大降低运距，减少运输总量，节省了运输设备、司机、运距消耗的成本。

5. 节能环保绿色施工

在常规的地面拌合站储料罐原材泵送时，储料罐负压口排气过程中会有大量粉尘污染产生，该系统在台车顶部配备了水泥与膨润土集料罐，用于回收负压口的粉尘，集料罐西部通过管道与螺旋机连通，可继续回收利用。秉承节能环保的理念，整个系统为封闭的闭合系统，无粉尘与污染排放，满足了地面不建拌合站的环保高标准要求，极大地降低了对周边环境的破坏，实现了全过程绿色施工。

第二讲

制浆系统设计

“制一运一注”一体化集成系统包含制浆、运浆、注浆三大系统，每个系统的工作能力都需要按照注浆配合比进行设计，计算确定规格参数。根据软土地层掘进施工效率以及双液浆配合比设计，假定掘进效率为 20m/d，最大掘进效率为 24m/d。为保障整个系统连续运转并且效率最大化，所有系统都按 24m/d 进行设计。计算过程如表 1 所示。

表 1 “制一运一注”一体化集成系统设计计算过程

序号	计算内容	设定值	计算结果
1	盾构机外径	/	15.93m
2	挖掘外径	/	15.93m
3	管片外径	/	15.40m
4	管片宽度	最大 50mm/min	2m
5	千斤顶速度	最大冲程速度 50mm/min	平均冲程速度 40mm/min
6	注浆率	/	130%
7	双液比例	A：B=0.909：0.091	10：01
8	每米盾尾间隙	$\pi/4(15.93^2-15.4^2)\times 1m$	$13.04m^3$
9	每环盾尾间隙	$13.04m^3\times 2$	$26.08m^3$
10	注浆量 /m	$13.04m^3\times 130\%$	$16.95m^3$
11	注浆量 / 环	$16.95m^3\times 2$	$33.90m^3$

续　表

序号	计算内容	设定值	计算结果
12	最大注浆需求	$16.95m^3 \times 0.04m/min$	678 L/min
13	A 液注浆量 /m	$16.95m^3 \times 0.909$	$15.41m^3$
14	B 液注浆量 /m	$16.95m^3 \times 0.091$	$1.54m^3$
15	A 液注浆量 / 环	$33.90m^3 \times 0.909$	$30.82m^3$
16	B 液注浆量 / 环	$33.90m^3 \times 0.091$	$3.08m^3$
17	最大 A 液流量	$15.41m^3 \times 0.04m/min$	616 L/min
18	最大 B 液流量	$1.54m^3 \times 0.04m/min$	62 L/min
19	每日 A 液需量	$30.82\ m^3 \times 12$ 环 / 天	$369.8m^3$
20	每日 B 液需量	$3.08\ m^3 \times 12$ 环 / 天	$37.0m^3$

一、注浆台车

在盾构机台车末端，设计一节可与前方台车连接的注浆台车，在盾构机掘进过程中，该台车利用盾构机台车的牵引力跟随盾构机同步前进。利用超大直径盾构内部空间优势，将传统的地面浆液拌合站集成到该节盾构机注浆台车上。注浆台车分为三层结构，顶层为物料储料层，中层为浆液拌制层，下层为台车行走机构层。将传统的浆液运输方式改为干粉运输，材料运输至注浆台车末端时，通过运输车自带注入泵，注入台车顶部储料层。

该注浆台车每种物料存储量按每种原材料试验配合比例进行设计，设计总量为12环注浆量，保证原材一次性注入后储存量足够每天的施工使用，物料补给可通过施工间隙期运输，大大降低运输总方量以及对其他施工工序的干扰。注浆台车如图5所示。

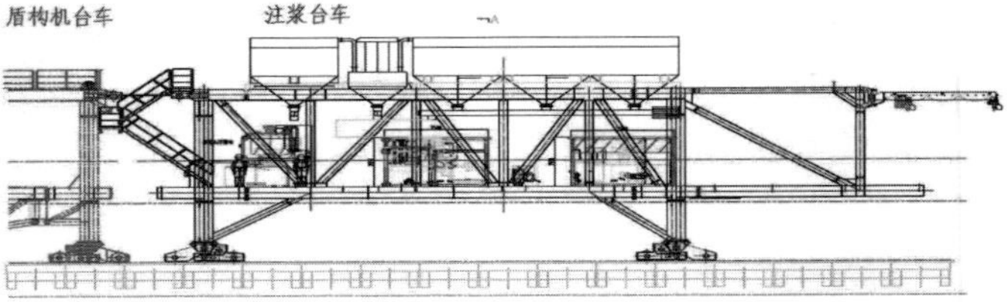

图5　注浆台车

二、原材存储系统

注浆台车顶层为物料储料层，包括2组80m³卧式水泥粉料罐、1组23m³卧式膨润土粉料罐、1组30m³清水储料罐、2组6m³集尘罐。其中清水储料罐需包含液位监测及自动补水系统，自动补水量不小于 1000L/min。集尘罐一组收集水泥粉料注入时的负压口粉尘，一组收集膨润土粉料注入时的负压口粉尘，集尘罐底部与输送螺旋机对接，如此循环利用，既保障在储料罐原材注入时无粉尘排放污染，又可以实现全部物料再利用。所有物料储料罐下部设置锥形下料孔，下料孔与输送螺旋机连接，在储料罐内部安装有气动振动系统，在正常掘进施工以及长时间停机时，气动振动系统要持续开启对存储物料进行振动，防止存料受潮结块或者下放时堵塞。储料罐下料系统如图 6 所示。

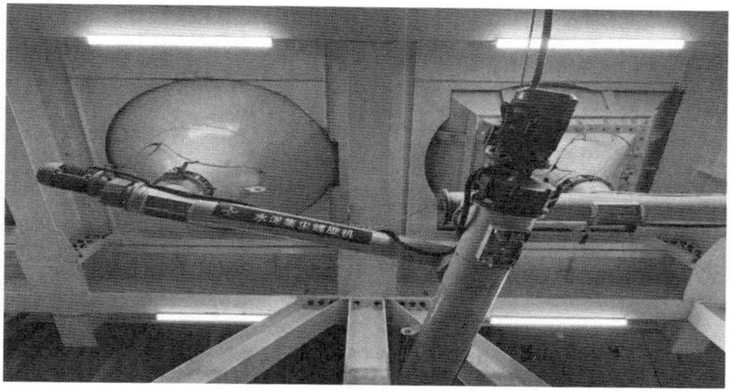

图 6　储料罐下料系统

三、浆液拌制系统

注浆台车中层为浆液拌制层，浆液拌制层通过螺旋输送机与台车顶层储料层连接。浆液拌制设备包括2套1.2m³A液搅拌混合槽、2套3.2m³A液低速搅拌储浆槽、1套1m³膨润土液搅拌混合槽、1套3.2m³膨润土液低速搅拌储浆槽、2个0.5m³稳定剂罐、1个30m³B液储存罐、6套5.5kW螺旋输送机。

A液制浆流程总路线：先将清水通过输送泵自动加入膨润土液混合单元的混合机槽中，再将膨润土粉料通过粉料螺旋输送机加入混合机槽中充分搅拌制作成膨润土液后，将膨润土液送入1个3.2m³低速搅拌储存槽中即完成膨润土液预拌作业。然后，稳定剂通过输送泵自动加入A液混合单元的混合机槽中，接着将清水通过输送泵自动加入混合机槽中，启动高速混合机进行混合搅拌，再将膨润土液通过输送泵自动加入混合机槽中进行混合搅拌，最后由粉料螺旋输送机将水泥粉料送入混合机槽充分搅拌完成后，将 A 液送入低速搅拌储存槽中（2 个 $3.2m^3$）即完成造浆程序，此时 A 液可由两套 A 液软管泵进行浆液输送。

A 液输送流程为 A 液通过两台软管泵输出到地下储存槽中。B 液输送流程为采用 1 个 $30m^3$ 铁桶存放 B 液，B 液通过一台软管泵输出到地下储存槽中。稳定剂的送料通过送料泵自动从储料槽中泵送至高速混合机槽中进行搅拌。拌合站系统原理如图 7 所示。

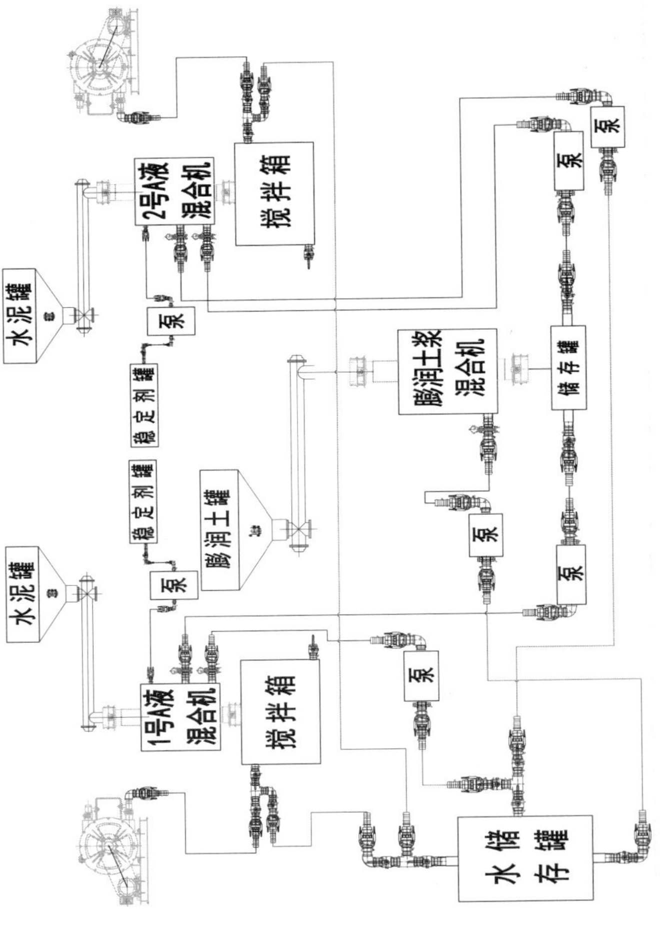
水泥罐
2号A液混合机
搅拌箱
泵
稳定剂罐
水泥罐
稳定剂罐
膨润土罐
泵
膨润土浆混合机
储存罐
泵
泵
泵
泵
1号A液混合机
搅拌箱
泵
水储存罐

图 7　拌合站系统原理

第三讲

浆液输送系统设计

一、输送泵

在洞口地面设置 3 台 100m³ 储料罐，分别用于存储水泥和膨润土，地上卧式储料罐采用并排模式，布置于副井口，单个储料罐尺寸为 11m×2m×3m，进料管口径为 150mm，粉料现场来源由粉料供应商罐车直接打入。水泥可存储 200t，膨润土可存储 100t。现场卧式粉料罐如图 8 所示。

图 8　卧式粉料罐

每个储料罐出料口加装 2.5kg 的气泵一台，流速为 13.8m³/min。出料管采用 150mm 螺旋泵管 50m 延伸至井下与散装物料罐车连接。空气泵如图 9 所示。

图 9　空气泵

井下设置 12m³ 小型定制粉料运输罐车 2 辆。通过连接管，将地上储料罐粉料打入自身罐体，转运至盾构机拌合站台车处，再由运输罐车自带气泵将粉料打入拌合站储料罐中。拌合站配备两套浆液输送系统，每套系统配备 2 台 150L/min 、工作压力 2.5MPa 的软管泵，以及 150mm 口径的输送管路。制浆完成后，通过软管泵泵送至 A 液储浆罐。150L/min 软管泵如图 10 所示。

图 10　150L/min 软管泵

二、运输车

洞内运输车辆运输材料为水泥、膨润土干粉，因此运输车辆采用粉料罐车，罐体采用武钢 Q235-B 碳钢，筒体壁厚 5mm，封头 5mm，两仓两盖 W 型流化床，罐体机器自动焊，运输车存储量为 $12m^3$，每台车辆应自带输送气泵。地面储料罐通过自带气泵将材料泵送到洞口粉料罐车内，粉料车将材料由洞口运输至注浆台车尾部，再通过粉料车自带气泵泵送至注浆台车顶层物料储料层。粉料车规格参数如表 2 所示。

表 2　粉料车规格参数

序号	设备名称	规格参数
1	罐体容积	$12m^3$
2	整车尺寸	7500mm×2500mm×3650mm
3	发动机	170 马力
4	轴距	3950mm
5	变速箱	8 挡
6	车桥	3.6T/9T 前后桥
7	轮胎	900mm 尼龙胎

续　表

序号	设备名称	规格参数
8	罐体尺寸	直段 / 直径 3800mm/2100mm
9	气泵	$7m^3$/min
10	发动机功率	125kW

粉料运输车如图 11 所示。

图 11　粉料运输车

三、储浆罐

为较好地控制地表沉降和管片上浮，同步注浆系统设计为双液注浆系统，其中 A 液系统配置 2 个 $25m^3$ 砂浆储浆罐，B 液系统配置一个 $6m^3$ B 液箱，A 液、B 液储存量都至少满足一环管片壁后注浆的注浆量。储浆罐内部都配置搅拌系统，在浆液储存时，开启搅拌装置对浆液进行实时搅拌，防止浆液离析、沉淀挂壁，影响浆液质量。每个储浆罐的下方配置 4 个称重传感器，内部安装 1 组液位传感器，可实时监测储浆罐储浆量，按需随时补充浆液。储浆罐如图 12 所示。

图 12 储浆罐

第四讲

注浆系统设计

盾构机盾尾共设置 8 路注浆管路，盾构机掘进时可采用 4~8 路多孔注浆，保障同步注浆材料均匀饱满，防止地面沉降发生。同步注浆系统采用双液注浆，包含 A 液、B 液两个系统。A 液、B 液系统各 8 套，均为单管单泵，每一路都可独立操作运行。同步注浆系统设备参数如表 3 所示。

表 3 同步注浆系统设备参数

注浆模式	双液注浆	A 液泵数量	8 台
注浆管路数量	8 路	A 液泵流量	$12m^3/h\times8$ 台
能力	$8\times12m^3/h$	A 液泵压力	3MPa
注浆泵型号	KSP12	A 液泵功率	$75kW\times2$
注浆泵数量	A 液 8 台 +B 液 8 台	B 液泵数量	8 台
储浆罐的数量	1 套	B 液泵流量	$2.0m^3/h\times8$ 台
储浆罐容量	$25m^3\times2$	B 液泵压力	2MPa
流量传感器数量	16 只	注浆管路清洗方式	清水冲洗
压力传感器数量	16 只	箱体容量	A 液：$25\times2m^3$ B 液：$10m^3$
称重传感器数量	8 只	/	/

一、注浆泵

A 液配置 8 台 12m³/h 注浆泵，注浆泵为液动双柱塞形式，每台泵可单独控制，配备电磁流量计，监测浆液流量。注浆泵安装在储浆罐下方，中间通过闸阀与储浆罐相连，在连接处配备有冲洗口，用于注浆泵及注浆管路的清洗。A 液注浆泵如图 13 所示。

图 13　A 液注浆泵

B 液配置 8 台 4m³/h 注浆泵，注浆泵为电动螺杆泵形式，每台泵可单独控制，并配备电磁流量计监测流量。B 液注浆泵如图 14 所示。

图 14 B 液注浆泵

二、注浆混合器

盾尾壳体配置 8 组内置式双液注浆管，每组包括 1 根 DN50 混合液管、1 根 DN25 高压水管、1 根 DN10 润滑油管，高压水管端部设置三通活塞，中部设置牵引油缸，活塞密封采用弹性聚氨酯密封。A 液、B 液在盾体管路前端约 3m 处，通过浆液混合器混合，混合器前端设置三通自动阀门，可实现高压水自动反冲洗。浆液混合器如图 15 所示。

盾构机掘进时，通过 A 液、B 液注入泵将 A 液浆、B 液浆泵送至盾体注浆混合器内进行混合，A

图 15　浆液混合器

液、B 液混合液通过浆液管路经盾尾注入孔注入土层中，每环注浆完成后，通过油缸推动活塞头将注浆孔封堵，通过操作清洗管对管路进行冲洗，防止管路堵塞。浆液管路分成多段便于管路疏通。注浆与清洗模式原理如图 16 所示。

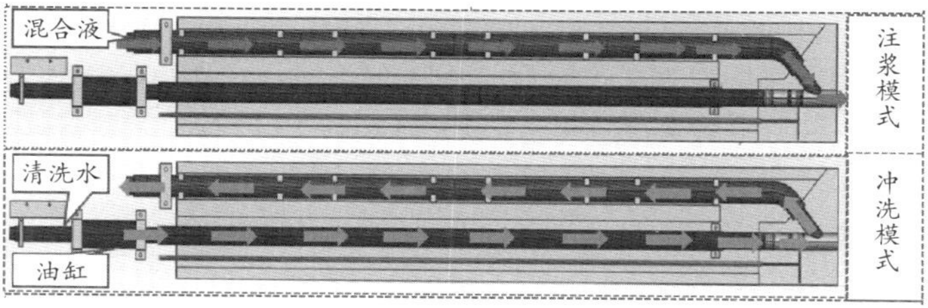

图 16　注浆与清洗模式原理

三、“制—运—注”一体化集成系统 PLC 控制

通过在注浆设备和注浆管路各控制环节设置流量、压力等传感器和阀组控制器等电子元器件，根据注浆工艺要求，集成设计 PLC 控制系统，编写自动控制程序，形成注浆控制系统，最终以触控屏幕形式作为操作终端。

1. 制浆 PLC 控制

拌合站制浆 PLC 控制系统可实现全自动、半自动、手动控制模式。日常使用时，通常采用全自动控制模式，在整个制浆过程中，可实现全自动制浆，节省人工，大大提高生产效率。PLC 控制系统包含水泥、膨润土、稳定剂、水四种材料的操作控制界面。按需要的施工配合比，输入配合比初始值，后续施工过程根据现场材料检验结果，实时动态微调设定值，保障注浆质量。

在设备运转过程中，配备的专职操作人员主要负责设备运转情况的监控，PLC 控制系统自带异常报警功能，当设备出现异常、发出报警信号时，由

专职操作人员进行检查，排除故障、恢复系统。在系统运行时，应及时检查各种材料储料剩余存量，及时与洞外人员沟通补充物料。制浆 PLC 控制系统如图 17 所示。

图 17　制浆 PLC 控制系统

2. 注浆 PLC 控制

同步双液注浆 PLC 控制系统包含 A 液、B 液、水系统三部分，每个部分都单独分为 8 路，独立操作控制，互不影响，如个别位置有故障，可由其余系统替代。按照施工技术交底内容对各个系统初始值进行设定，在盾构机推进时同步注入浆液。该系统对每一路、每一种材料都设定有流量、压力传感器，实时监控注浆运行状况。同时在控制界面增加了理论需求量与实际注入量，以及两者之间差值界面，注浆操作手可通过界面参数实时观察并调整注入参数，保障注浆效果。同步双液注浆系统 PLC 控制界面如图 18 所示。

图 18　同步双液注浆系统 PLC 控制界面

3. 反冲洗 PLC 控制

每次注浆完成后，PLC 反冲洗系统强制进行管路及泵头冲洗。当注浆停止时，注浆操作手切换到反冲洗控制界面，切换注浆阀门，通过清洗泵注入清水至注浆盾尾注浆活塞，从注浆活塞注入孔位置反向对注浆管路内部浆液进行清洗，清洗的污水进入污水箱，清洗过程直至污水管排出清水。每次使用同步注浆系统后必须进行管路清洗，防止泵组及注浆管路堵塞。同步双液注浆清洗系统 PLC 控制界面如图 19 所示。

图 19　同步双液注浆清洗系统 PLC 控制界面

第五讲

“制—运—注”一体化集成系统注浆工艺

针对超大直径盾构隧道超长、超大的特点，为了提高双液浆稳定性和供给效率，开创性地将传统的地面拌合站改移至盾构机台车上，设计形成了“制—运—注”一体化集成系统，既解决了双液浆长距离运输“质损、低效、高耗”的难题，又满足了核心城区高标准环保要求，仅水平运输每辆车就节省数十万公里，极大地降低了能源消耗。

一、注浆总体工艺流程

根据注浆系统配置和施工操作需求，设计注浆工艺流程如下：

按配合比制拌 A 液水泥浆→ A 液和 B 液按比例储浆→盾构掘进→ A 液启动→ B 液启动→调整 A 液、B 液流量稳定在配合比要求比例→掘进完成→ B 液停止→ A 液停止→混合管路冲洗→ A 液泵及管路冲洗。超大直径泥水平衡盾构同步双液注浆流程如图 20 所示。

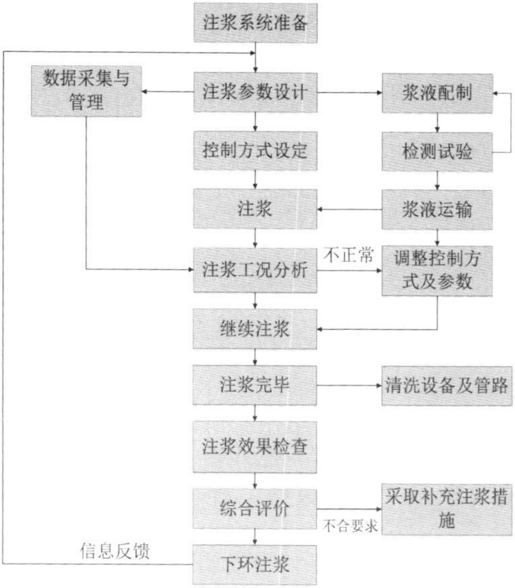

图 20 超大直径泥水平衡盾构同步双液注浆流程

二、浆液制备

盾构掘进施工前，采用专门的粉料运输车，将设备双液注浆所需的各项原材料集中运送至台车搅拌单元内，通过 PLC 集成控制系统，将不同的粉料按设计配比进行搅拌混合，最终分别形成 A 液水泥浆及 B 液水玻璃两种双液注浆半成品，该过程称为浆液的制备。A 液水泥浆由台车式拌合站的高速搅拌机制备，膨润土则通过单独的高、低速搅拌机配合搅拌充分后，再与水泥浆混合充分，浆液拌制及配合比控制均通过拌合站的 PLC 集成系统控制，确保拌合精确。

B 液水玻璃通过台车式拌合站的输送泵直接输送至注浆系统的 B 液储存罐内。

1. 双液浆配合比设计

盾构同步注浆的浆液，要求具有良好的可注性、可控性、稳定性、环保性、耐久性和可操作性，双液浆构成包括 A 液水泥浆和 B 液水玻璃。为了达到良好的适用性，需要对 A 液进行改良，通过添加膨润土和稳定剂提升 A 液稳定性，然后通过调整 A 液、B 液比例，试验混合浆液的性能，重点围绕凝胶时间、1 小时强度、结实率三项关键指标开展大量正交试验，同时考虑环境温度、搅拌时间、混合均匀程度等物理因素影响，确定最优配合比。

2. 双液浆制浆流程

A 液制浆流程总路线：先将清水通过输送泵自动加入膨润土液混合单元的混合机槽中，再将膨润土粉料通过粉料螺旋输送机加入混合机槽中充分搅拌制作成膨润土液后，将膨润土液送入 1 个 3.2m³ 低速搅拌储存槽中就完成了膨润土液预拌作业。接着，把稳定剂通过输送泵自动加入 A 液混合单元的混合机槽中，然后将清水通过输送泵自动加入混合机槽中，再启动高速混合机进行混合搅拌，将膨润土液通过输送泵自动加入混合机槽中进行混合搅拌，由粉料螺旋输送机将水泥粉料送入混合机槽进行充分搅拌，最后将 A 液送入 2 个 3.2m³ 低速搅拌储存槽中就完成了造浆程序。完成之后，A 液可由两套 A 液软管泵进行浆液输送。

A 液输送流程：A 液将通过两台输送软管泵输出至盾构机 1 号台车 A 液储浆罐中。

B 液输送流程：采用 1 个 30m³ 铁桶来存放 B 液，B 液将通过一台转运软管泵输出至盾构机 1 号台车

B 液储浆罐中。

稳定剂加料泵及管路：在制浆过程中 PLC 控制系统自动将稳定剂从储料槽中泵送至高速混合机槽中进行搅拌。

3. 浆液性能检测

每一批 A 液、B 液、膨润土、稳定剂原材料到达制浆台车后，应对每种材料进行试验检测，确保原材料达到设计试验要求。

每环浆液制拌开始时，由专业的试验检测人员分别对 A 液和 B 液按照设计混合比例进行试验，测定混合液性能指标，确保满足设计要求。如现场试验结果与原定配比存在差异，应按照现场试验结果调整 A 液、B 液混合体积比。专业试验检测人员将该结果上报值班工程师，对盾构机操作手下达指令单，在盾构机掘进同步注浆时按新指令分别注入 A 液和 B 液，确保注浆质量，满足施工要求。

4. 浆液制备操作要点

同步双液注浆不同于常规同步注浆的关键在于

双液浆的凝胶时间需要同盾构掘进速度严格匹配，以确保管路内部混合形成的双液浆能够在进入地层后及时凝胶，这就要求不同的掘进速度需要采用不同的浆液配合比。为找到能够满足不同掘进状态下的注浆配合比参数，盾构始发施工前，需根据盾构设备及注浆设计参数要求开展浆液配合比试验，通过进行大量的正交试验，最终找到多组能够适应于不同掘进速度下的浆液配合比参数。同步双液注浆试验室配合比验证如图 21 所示。

图 21 同步双液注浆试验室配合比验证

双液浆配合比参数初步确定后，为验证浆液的实际使用性能，盾构始发前，使用盾构机注浆系统进行现场模拟试验验证。为避免模拟试验对盾尾注浆管路造成破坏性损伤，根据盾构同步双液注浆系统注入管路与装置图，按1：1比例制作加工一套外置注浆系统，与注浆设备的出口管路连接，形成完整的注浆系统，开展双液浆效果试验，根据实际效果对配合比进行微调，确定最终适用性良好的配合比参数。同步双液浆现场拌合模拟试验如图22所示。

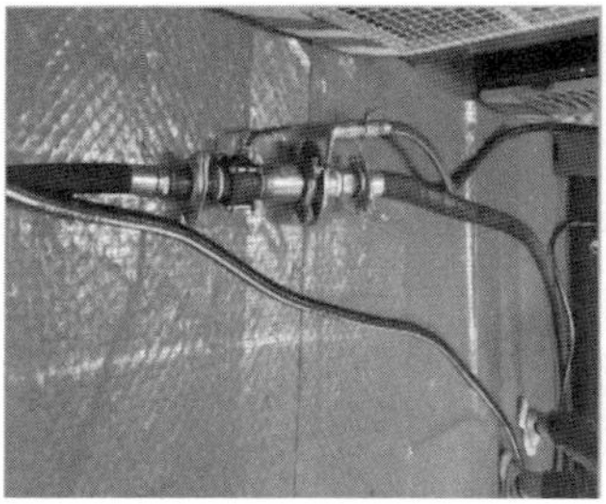

（a）混合器试验装置

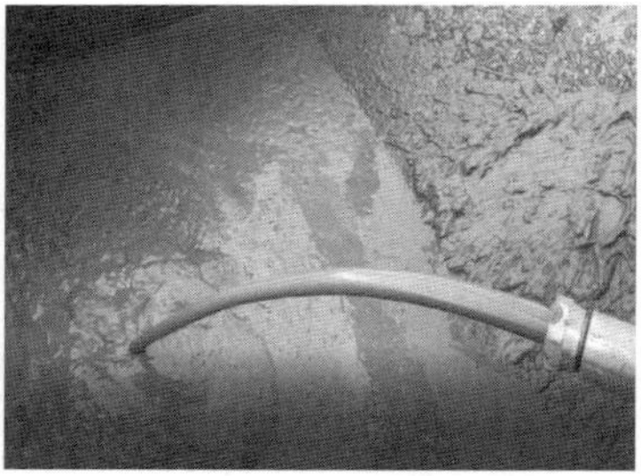

（b）浆液试验效果

图22　同步双液浆现场拌合模拟试验

三、浆液运输与存储

原材料包括水泥、膨润土、稳定剂、水玻璃等。水泥和膨润土采用散装粉料罐车运输至现场地面储料罐，根据施工需要由储料罐泵送至隧道内水平运输粉料罐车内，由洞内粉料运输罐车运输至盾构机台车式拌合站上。稳定剂和水玻璃为液体，采用特制塑料桶储存，通过洞内水平运输车运输至盾构机台车式拌合站上。

1. 浆液运输与存储流程

盾构同步注浆“制一运一注”一体化集成系统相较于传统拌合站工艺，尤其在制浆、运浆过程中具有极大的优势。不需要传统的浆液车辆运输与临时中转储存罐。根据现场施工实际需求，也不需要提前储备浆液，盾构机操作手随时可以拌制浆液，边推进边制浆、运浆、注浆。整个过程可同时进行，有极大的灵活性，也减少了拌制后浆液的存储时间，防止浆液在长距离运输、长时间存储过程中导致质量下降。

2. 浆液运输与存储操作要点

制备后的 A 液浆及 B 液浆经试验性能验证满足要求后，应在搅拌槽内充分搅拌均匀，不能有干粉块与大量气泡。搅拌后的 A 液浆及 B 液浆经试验性能验证满足要求后，通过泵送管路分别运送至位于盾构机 1 号台车注浆系统的 A 液储浆罐及 B 液储浆罐内，浆液存储过程必须持续匀速搅拌，确保浆液性能稳定的同时减少浆液沉积风险。

由于盾构掘进期间需要不间断地同步进行双液浆注入，因此，制备完成的 A 液、B 液需要及时利用注浆管路分别运输至专门的浆液存储单元，以确保盾构掘进过程浆液连续供给的需求。

四、浆液注入

1. 双液浆注入工艺

盾构掘进开始时，盾构机操作手操作注浆 PLC 控制系统将 A 液、B 液通过注浆泵注入，注入浆液在距离盾尾 5m 处的混合器内充分混合，形成同步双液混合浆，最终经盾尾内部的注浆管路注入至外部土体当中，在盾构管片外部凝固形成一道致密的防水屏障。良好的注浆层既能保障整体成形隧道的稳定，又能防止地层沉降，同时起到很好的止水作用。

2. 浆液注入操作要点

（1）A 液、B 液注入。盾构掘进开始时，主管工程师根据施工条件确定盾构掘进参数，由专职注浆技术人员根据指令单，要求通过主控触摸面板进行同步注浆操作。在不同的地层中，根据凝结时间不同的浆液及掘进速度来具体控制注浆时间的长短，做到“掘进、注浆同步，不注浆、不掘进”，通过控制同步注浆压力和注浆量双重标准来确定注浆时间，注浆时 A 液泵及 B 液泵启动，根据系统设定参数开始浆液注入施工，A 液浆及 B 液浆经管路输送至混合器充分混合后，通过盾尾壳体配置的 8 组内置式双液注浆管注入外部土体。

A 液注浆设备：配置储浆罐，在每个储浆罐的下方安装有4个称重传感器，可根据储浆罐的重量进行补浆；配置注浆泵，注浆泵为液动双柱塞形式，每台泵可单独控制；配备电磁流量计，监测浆液流量。注浆泵安装在储浆罐下方，中间通过闸阀与储浆罐相连，在连接处配备有冲洗口，用于注浆泵及注浆管路的清洗。

B液注浆设备：配置储浆罐，下方布置注浆泵，注浆泵为电动螺杆泵形式，每台泵可单独控制，并配备电磁流量计监测流量。

（2）双液浆混合。本工程同步双液注浆混合液的性能，主要通过控制A液浆及B液浆的混合比例实现，在注浆设备和注浆管路各控制环节设置流量、压力等传感器和阀组控制器等电子元器件，根据注浆工艺要求，集成设计PLC控制系统，编写自动控制程序，形成注浆控制系统，最终以触控屏幕形式作为操作终端，以满足不同掘进状态下的同步双液注浆需求。

五、注浆系统反冲洗

1. 管路反清洗工艺流程

由于同步双液浆快凝、早强的性能特点，当单环管片推进结束，双液注浆随即停止。后续盾构管片拼装作业开始前，应及时开启注浆管路反冲洗施工，利用高速、高压水流，将盾构管路内部残留的浆液迅速反冲洗至盾构污水箱内，防止管路内部堵塞，影响盾构正常掘进。

2. 管路反清洗操作要点

盾构双液注浆结束后，为避免遗留在注浆管路内的双液浆凝固堵塞，导致施工中断，本工程盾尾壳体内配置的 8 组内置式双液注浆管中部设置牵引油缸，活塞密封采用弹性聚氨酯密封，通过在 A 液、B 液混合器前端设置三通自动阀门，可实现高压水自动反冲洗，保障盾构施工作业的有序进行。同步双液注浆盾尾内置管路如图 23 所示。

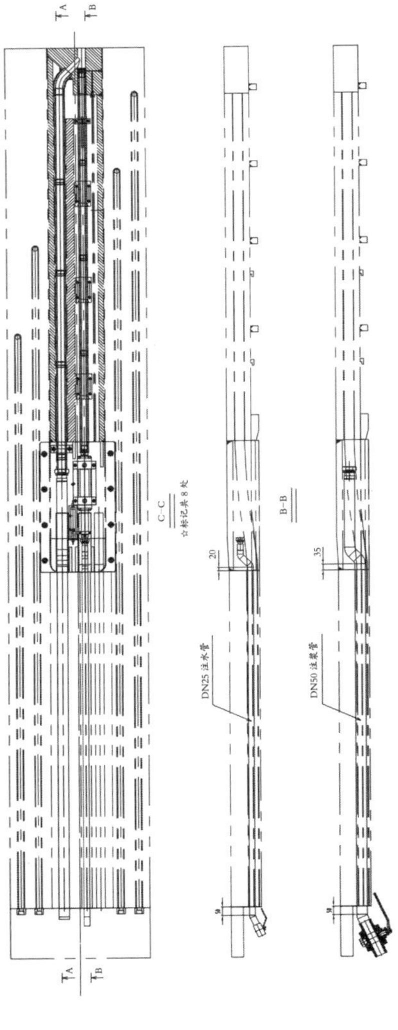

图23 同步双液注浆盾尾内置管路

第六讲

注浆质量控制

一、注浆性能要求

同步双液注浆性能应符合设计要求，满足国家规定质量标准，确保工程质量合格率100%，并满足国家、地方、部门和行业的标准、规范、规程等要求。双浆液性能要求如表4所示。

表4 双液浆性能要求

性能类别	性能要求
可注性	要求浆液黏度低，有良好的流动性，可注性强，能渗透到细小的裂隙内。
可控性	浆液凝胶时间可在几秒到数小时范围内按照需求，通过材料配比进行任意调整，并能准确控制，以达到固结、堵水的要求。
稳定性	要求浆液在常温、常压下能较长时间存放而不改变其基本性质，存放不受温度、湿度变化的影响，从而保证浆液的连续注入。
环保性	要求浆液无毒、无臭、不污染环境，对人体无害，属非易燃品、非易爆品。
耐久性	要求浆液固化时无收缩现象，固化后与岩体有一定的黏结力。浆液固结体具有一定的抗压、抗拉强度，抗渗性好，抗冲刷及耐老化性能好。
可操作性	要求浆液配制方便，工艺操作简单、安全，能连续注入。

二、注浆原材料要求

（1）水：普通施工用水，温度低于30℃。

（2）水泥：P · O42.5。

（3）膨润土：钠基膨润土。

（4）稳定剂：延缓浆液凝结时间72h。

（5）水玻璃：波美度大于38°。

三、拌合站制浆控制要点

（1）作业前，检查搅拌机的转动情况是否良好，安全装置、防护装置等均应牢固可靠，操作灵活。

（2）砂浆搅拌机启动后，先经空机运转，检查搅拌叶旋转方向是否正确，先加水后加料进行搅拌操作。

（3）砂浆搅拌机运转中不得用手或木棒等伸进搅拌料兜内或在料兜口清理灰浆。

（4）操作中，应观察机械运转情况，当有异常或轴承温升过高等现象时，应停机检查；如发生故障不能运转需检修时，应先切断电源，将搅拌料兜内灰浆倒出，再进行检修，排除故障。不得用工具撬动等危险方法强行进行机械运转。

（5）搅拌机的搅拌叶片与搅拌料兜底及侧壁的间隙，应经常检查并确认符合规定，当间隙超过标准时，应及时调整。当搅拌叶片磨损超过标准时，应及时修补或更换。

（6）作业完毕，做好搅拌机内外的清洗和搅拌机周围清理工作，切断电源，搅拌机开关打闭锁，挂停电牌；检修搅拌机时，开关挂“正在检修，禁止送电”牌，并派专人监视。

（7）搅拌机的停放位置应选择平整坚实的场地，搅拌机安装应平稳牢固。

（8）砂浆搅拌机操作中需要一边加料一边加水，不能加入料后再启动，投料不准超过额定容量。加料时，工具不能碰撞搅拌机，更不能在运转中把工具伸进搅拌机内扒料。

（9）砂浆搅拌机的物料不能进入杂物，清除杂物时，必须停机进行。

四、盾构同步注浆控制要点

盾构同步注浆控制应满足以下要求：

（1）掘进作业开始前，检查是否具备注浆条件：注浆泵是否开启；下料闸门是否开启；冲洗油缸是否切换（冲洗口切换成注浆口）；砂浆箱浆液是否充足；水玻璃是否充足。

（2）掘进管理行程到 60mm 时，注 A 液浆。

（3）A 液浆总注入量到达 600L 时，开启 B 液浆注入。

（4）调整 A 液与 B 液的速度设定，使每个注浆口的 A 液注入值与 B 液注入值的比例达到指令要求，可以通过使 A 液注入流量与 B 液注入流量的比例达到指令要求来实现。

（5）注浆过程中，时刻观察每条注浆管路的注浆压力与浆液流量是否匹配速度设定。如不匹配，即时反馈给维保工程师。

（6）当掘进管理行程到达 1900mm 时，停止 B 液注入。

（7）当掘进管理行程到达1950mm时，停止A液注入。

（8）等待A液流量为0后，手动切换冲洗油缸，将注浆口切换为冲洗口，选择注浆管路冲洗，开启清洗模式后，打开冲洗水箱的进水球阀，观察冲洗压力。

（9）如果冲洗压力过高，可以尝试注入A液浆冲刷管路，冲刷完成后，再冲洗注浆管路，观察冲洗压力，如果还是过高，检查注浆管路是否堵塞。

（10）管路冲洗5min，注入B液30s，再冲洗管路5min，冲洗压力正常后，停止管路冲洗，关闭冲洗水箱进水球阀。

五、注浆质量控制要点

（1）同步注浆压力、注浆总量必须得到有效控制，注浆压力与注浆总量不得超过限值。

（2）施工过程中，必须遵循注浆与掘进同步进行的原则，掘进必须与同步注浆同时进行。注浆量与注浆压力必须达到技术方案的要求，防止地面沉降，同时不因注浆压力过大损坏管片。特别注意要严格控制注浆压力，防止注浆压力过大影响管片姿态或损坏盾尾刷。

（3）定期对注浆系统进行清洗，以保证注浆系统保持良好的工作状态。

六、绿色环保控制要点

在同步双液注浆全部施工流程中，要控制污水排放、粉尘扬尘、噪声等，以达到相关绿色环保要求。

（1）水污染防治。双液浆制作材料需既满足国家环保等规范要求，又满足城市施工的环保要求，不会对地下土质及地下水环境造成污染。

（2）防尘管理措施。一是水泥、膨润土等原材料运输采用封闭罐车，进出场时，对轮胎进行冲洗。二是粉料储存罐配备集尘设备，并设置封闭罩棚，避免粉料卸放过程粉尘释放至空气中。三是在施工现场和粉尘易泄漏范围内配置自动喷淋装置，及时进行降尘处理。

（3）噪声防护管理措施。一是对噪声设备进行罩棚防护或添加减振降噪装置。二是地面施工设施要合理布置机械位置及施工时间，使噪声较大的机具远离居民区。三是车辆进出现场要有专人指挥，减少鸣笛次数或不鸣笛。四是夜间安排人员进行定期走访检查，发现问题及时进行整改并落实处理措施。

后 记

从之前需要高价进口盾构机，到现在作为大国重器之一的超大直径盾构机国产化，我所从事的盾构行业发生了翻天覆地的变化。国家政策的支持和企业的栽培，使我从一名普通的盾构机操作工，成长为“全国交通技术能手”，也见证了祖国盾构行业从“追赶者”到“并跑者”再到“领跑者”的角色转变！

“天下大事，必作于细。”执着专注、精益求精、一丝不苟、追求卓越的工匠精神，既是中华民族工匠技艺世代传承的价值理念，也是我们开启新征程，从制造业大国迈向制造业强国的时代需要。我作为一名交通基础设施领域的超大盾构机一线施工技术人员，在自己的岗位上也致力于打造一支有理想守信念、懂技术会创新、敢担当讲奉献的技术工人队伍，因为技术工人队伍是支撑中国制造、中国创造的重要力量。通过日常工作中一次次的技术创新与突破，我更深刻地理解了必须坚持守正创新，以满腔热忱对待一切新生事物，敢于干前人没有干过的事情。我将坚持“匠心筑梦、匠技强国”的理想信念，带领我的团队力争突破一项项“卡脖子”技术，为企业、为国家、为我所热爱的交通强国事业作出更多的贡献。

本书向各位朋友介绍的是我在实践工作中的一些心得体会，还有很多不足之处需要进一步完善，诚恳地希望各界专家多提宝贵意见。

勾常春

2023 年 7 月

图书在版编目（CIP）数据

勾常春工作法：盾构注浆"制一运一注"一体化集成系统 / 勾常春著. —北京：中国工人出版社，2024.6

ISBN 978-7-5008-8274-9

Ⅰ. ①勾…　Ⅱ. ①勾…　Ⅲ. ①盾构－操作　Ⅳ. ①U455.43

中国国家版本馆CIP数据核字（2023）第183012号

勾常春工作法：盾构注浆"制一运一注"一体化集成系统

出 版 人　董　宽
责任编辑　孟　阳
责任校对　张　彦
责任印制　栾征宇
出版发行　中国工人出版社
地　　址　北京市东城区鼓楼外大街45号　邮编：100120
网　　址　http://www.wp-china.com
电　　话　（010）62005043（总编室）
　　　　　（010）62005039（印制管理中心）
　　　　　（010）62379038（职工教育编辑室）
发行热线　（010）82029051　62383056
经　　销　各地书店
印　　刷　北京市密东印刷有限公司
开　　本　787毫米×1092毫米　1/32
印　　张　2.5
字　　数　35千字
版　　次　2024年7月第1版　2024年7月第1次印刷
定　　价　28.00元

优秀技术工人百工百法丛书

第一辑　机械冶金建材卷

优秀技术工人百工百法丛书

第二辑　海员建设卷

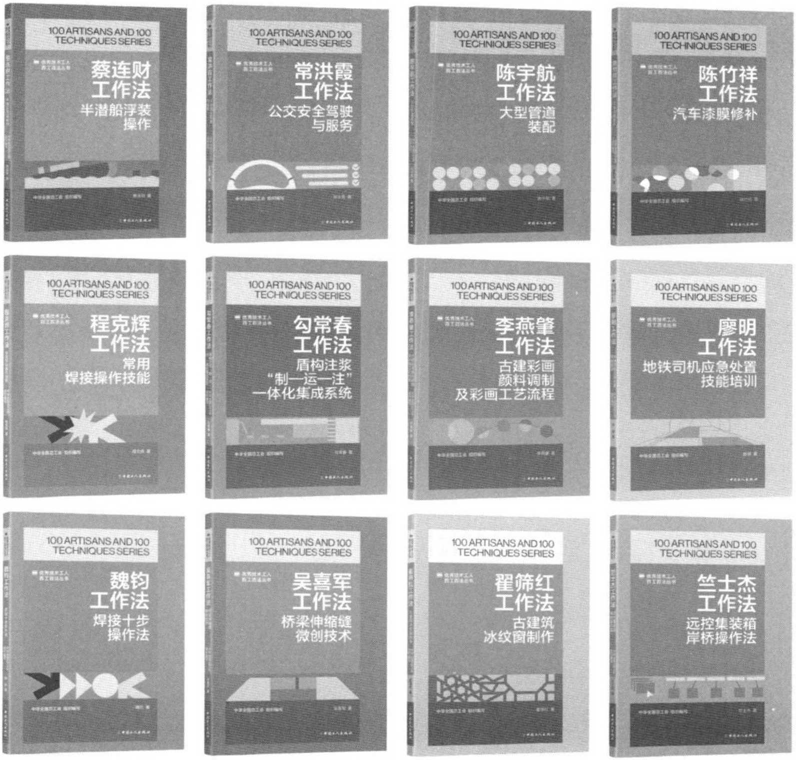